APÉRO CULTE

HUMOUR

Joan Doe

APÉRO CULTE
HUMOUR

MARABOUT

CONTENU DE LA BOÎTE

Le jeu se compose de :
120 cartes
réparties en **6 catégories**
de **40 questions** chacune.

Thèmes et mots-clés

Comédies

Comiques et sketches

Au temps du muet

Tous en scène

Questions décalées

Le présent **livret** contenant les règles du jeu.

QUESTIONS ET COMPTAGE DES POINTS

SUR CHAQUE CARTE FIGURENT 2 QUESTIONS :

– La première question, plutôt facile, rapporte 1 point (symbolisé par 1 visage souriant).

– La seconde question, plus difficile, rapporte 2 points (symbolisés par 2 visages, bien sûr !).

- L'équipe interrogée choisit une catégorie et le niveau de difficulté de la question qui va lui être posée ou de l'action que le meneur devra effectuer.
- Si l'équipe donne la bonne réponse, elle marque le nombre équivalent de points (1 ou 2), qu'elle inscrit dans un tableau des scores.

RÈGLE DU JEU

NOMBRE DE JOUEURS :
2 à 4 équipes d'au moins 2 joueurs.

BUT DU JEU :
Être la première équipe à marquer 10 points.

RÈGLES DU JEU

1. Les équipes jouent à tour de rôle, dans le sens des aiguilles d'une montre. L'équipe ayant le joueur le plus jeune commence.

2. Un joueur (le meneur) pioche une carte dans la catégorie de son choix et lit la question ou effectue l'action correspondant au niveau de difficulté (1 ou 2) choisi par ses coéquipiers.

3. Les membres de son équipe disposent de 30 secondes pour donner la bonne réponse.

4. Si la bonne réponse est trouvée, l'équipe marque le nombre de points correspondant. Si la bonne réponse n'est pas trouvée, c'est à l'équipe placée à sa gauche de jouer.

5. La première équipe qui marque 10 points a gagné.

VARIANTES

- Vous pouvez décider d'augmenter le nombre de points pour gagner (15 ou 20, par exemple).
- Vous pouvez décider qu'au bout de 30 secondes, si l'équipe interrogée n'a pas donné la bonne réponse, toutes les équipes peuvent jouer et proposer des réponses dans un délai de 30 secondes.

- Pour jouer en individuel, les règles sont identiques : soit le meneur interroge tous les joueurs et le vainqueur devient le nouveau meneur (ou le joueur à sa gauche, si personne ne donne la bonne réponse), soit le meneur interroge seulement le joueur situé à sa gauche, qui deviendra ensuite le nouveau meneur.

TABLEAU DES SCORES

TABLEAU DES SCORES

TABLEAU DES SCORES

Édité par Hachette Livre
(58, rue Jean-Bleuzen,
92178 Vanves Cedex)

Imprimé en Chine par Leo paper
en mars 2023
pour le compte des éditions Marabout.

Dépôt légal : août 2023
ISBN : 978-2-501-18073-3
6660174

LOL

Die ultimative NICHT LACHEN Challenge

Edition für Paare

riva

Grundspiel

Für zwei Spieler: Man sitzt sich gegenüber und tut alles dafür, bloß nicht zu lachen. Dummerweise sind die Witze auf den Karten so schräg und haarsträubend, dass das gar nicht so leicht ist. Neben Konzentration und Timing ist dabei auch jede Menge Selbstbeherrschung gefordert. Einer von beiden Spielern beginnt und liest dem anderen so lange Witze vor, bis dieser lachen muss – dann wird getauscht. Wer schafft es, länger ernst zu bleiben?

Wie du mir, so ich dir!

Auch hier sitzen sich zwei Spieler gegenüber und lesen sich Witze vor – diesmal allerdings abwechselnd nur einen Witz pro Spieler. Beiden Spielern ist es zu keiner Zeit erlaubt, zu lachen oder auch nur zu grinsen. Bei dieser Spielvariante ist es nämlich zusätzlich verboten, über sich selbst zu lachen. Da ihr in dieser Situation selbst beim Vorlesen versuchen müsst, euer Lachen zu unterdrücken, wird es häufig zu Grimassen kommen, die lustiger sind als die Witze selbst. Wer hält länger durch?

Die platonische Variante

Diese Spielvariante macht es möglich, einander besser kennenzulernen. Wer verbotenerweise lacht, muss dem Partner entweder ein unwiderstehliches Kompliment machen (»Ich bin dir verfallen, weil …«) oder pantomimisch eine rote Rose überreichen.

Die romantische Variante

Wer hier verbotenerweise lacht, muss den Partner mit einem Kuss auf die Wange oder – im Wiederholungsfall – mit einem Kuss auf den Mund entschädigen – natürlich nur, wenn dieser es möchte. Ersatzweise tut es auch ein Luftkuss oder ein Stand-up-Liebesgedicht, welches der Partner als »Wiedergutmachung für den Lachschaden« wählen kann.

Die Liebestrank-Variante

Sie ist besonders für Paare geeignet, die sich locker etwas näherkommen möchten. Gelächter wird mit einem Glas Eierlikör, einem Prosecco oder einem anderen alkoholischen Getränk geahndet, je nach Abmachung für den Lachenden oder für beide Spieler. Anti-Alkoholiker teilen sich ein Glas Mineralwasser oder eine Tasse Ingwertee oder was gerade da ist.

Renate hat sich eine knallrote Bluse gekauft. »Gefällt sie dir?«, fragt sie ihren Freund.

»Schlimmes Teil, damit kann man ja einen Ochsen wild machen!«

Schaut sie ihn treuherzig an:

»Genau das will ich ja!«

Chef zur neuen, sehr hübschen Sekretärin: »Es handelt sich hier um eine Dauerstellung.

Es sei denn, wir machen Pleite oder meine Frau sieht Sie!«

»Meine Frau schwärmt neuerdings von Rohkost.«

»Das kenne ich, meine Frau kocht auch nicht gern!«

»Wirst du mich noch lieben, wenn ich alt und hässlich bin?«

»Aber das tue ich doch schon!«

Warum gibt's mehr hübsche als intelligente Frauen?

Weil Männer besser sehen können als denken.

Fragt die Ehefrau ihren Gatten: »Was magst du mehr: meinen wunderschönen Körper oder meine überragende Intelligenz?«

Der Gatte antwortet nach kurzer Überlegung:

»Am meisten mag ich deinen Sinn für Humor.«

»Ach, da ist ja meine Wäscheleine«,
sagte die Frau,
als sie ihren Mann
erhängt im Stall fand.

Nach dem Sex im Bett:

Sie: »Woran denkst du?«

Er: »Kennst du nicht!«

»Schatz, was gibt es heute zu essen?«

»Nichts!«

»Aber das gab es schon gestern!«

»Richtig! Ich hab für zwei Tage gekocht!«

»Übrigens, wie viele Männer hattest du eigentlich vor mir?«, will der junge Liebhaber nach dem Sex wissen.

Sie schweigt. Eine Minute. Zehn Minuten.

»Eine dumme Frage«, entschuldigt er sich. »Bitte vergiss es.«

Eine Stunde. Sie schweigt noch immer.

»Habe ich dich so verärgert?«, fragt er ängstlich. »Bist du mir immer noch böse?«

»Quatsch!«, entgegnet sie.

»Ich zähle.«

Welcher ist der schnellste Weg zum Herzen eines Mannes?

Durch die Brust mit einem scharfen Messer.

»Ich verdrehe jeder Frau den Kopf«, prahlt Thorsten in der Kneipe.

»Klar«, meint der Wirt, »wenn du eine Frau anlächelst, *guckt sie sofort in eine andere Richtung!«*

Sie wachen gemeinsam auf. »Na, was hast du geträumt?«, will sie wissen.

»Wir waren noch nicht verheiratet und ich bat dich um deine Hand.«

»Oh, das war aber ein wunderschöner Traum«, flüstert sie.

»Ja«, stimmt er zu.

»Du hast nämlich Nein gesagt!«

Ein Mann kommt zum Arzt, den ganzen Körper voller Platzwunden und Blutergüsse.

»Was ist Ihnen denn passiert?«, will der Arzt wissen.

»Das war der Mann von Frau Fischer!«, erklärt der Patient.

»Frau Fischer sagte mir doch neulich in der Sprechstunde, ihr Mann sei verreist?«, wundert sich der Doktor.

»Richtig«, stimmt das Opfer zu.

»Das dachten wir auch …«

Eine Frau sorgt sich um die Zukunft,
bis sie einen Ehemann findet.

Ein Mann macht sich nie Sorgen
um die Zukunft,
bis er eine Ehefrau findet.

Eine Frau will ihrem Ehemann zum Jahrestag ihrer Ehe ein besonderes Vergnügen schenken, geht in einen Erotikshop und kauft sich schwarze Reizwäsche. Erwartungsvoll donnert sie sich auf, schminkt sich, legt Schmuck an und eben die schwarze Spitzenwäsche. Der Mann kommt von der Arbeit nach Hause, schließt die Tür auf, sieht seine Frau in Schwarz und fragt erschrocken:

»Oh Gott, ist was mit Oma?«

Tim und Jonas sprechen über ihr Liebesleben. Meint Tim: »Ich habe übrigens Smog in meinem Schlafzimmer.«

»Wie meinst du das denn jetzt?«, fragt Jonas erstaunt.

»Na, ganz einfach«, entgegnet Tim.

»Dicke Luft und kein Verkehr!«

Ein junger Mann sitzt mit seiner neuen Flamme auf der Parkbank, schaut seiner Freundin tief in die Augen und sagt: »Wusstest du, dass ich Gedanken lesen kann?«

»Und?«, entgegnet sie.

»Warum tust du es nicht?«

Am frühen Morgen geht ein Mann auf die Jagd. Im Wald angekommen, beginnt es zu regnen, der Wind legt zu. Der Mann beschließt, umzukehren. Zu Hause zieht er sich aus und legt sich wieder zu seiner Frau ins Bett.

»Wie ist es draußen?«, fragt seine Gattin gähnend im Halbschlaf.

»Saukalt, es regnet wie aus Kübeln …«, berichtet der verhinderte Jäger.

»Und mein Mann, der Idiot, ist auf die Jagd gegangen.«

Tina liest das Horoskop in der Tageszeitung. »Warum bist du nicht zwei Tage früher geboren?«, fragt sie ihren Freund.

»Dann wärst du charmant und geistreich.«

Meine Frau und ich haben ausgefallenen Sex.

Heute ist er schon wieder ausgefallen.

Ein Mann kommt schlecht gelaunt von der Arbeit nach Hause. Seine Frau sitzt vor dem Fernseher und schaut sich eine Kochsendung an. Meint der Ehemann mürrisch: »Warum schaust du dir so ´nen Mist an? Davon kochst du auch nicht besser!«

»Das musst du gerade sagen!«, entgegnet die Frau.

»Und warum schaust du dir dann Pornos an?«

Zeugenvernehmung vor Gericht: »Was hat Sie Ihr Mann an jenem Tag als Erstes gefragt, als er gegen 7:30 Uhr morgens aufwachte?«, will der Richter wissen.

»Er sagte: ‚Wo bin ich, Monika?‘«, entgegnet die Zeugin.

»Und warum hat Sie das so sehr verärgert?«, fragt der Richter nach.

»Weil ich Brigitte heiße!«

»Unsere Beziehung«, sagt sie wütend, »war von Anfang an ein einziger Irrtum!«

»Wem sagst du das?«, entgegnet er.

»Eigentlich hatte ich damals nämlich nach meinem Hund gepfiffen!«

Der Richter vernimmt die Zeugin: »Sie hatten also geschlechtliche Beziehungen zu dem Angeklagten? Wie lange?«

»Meist so'n Viertelstündchen«, gesteht sie errötend.

Sie: »Mein süßer Liebling, mein kleines Schatzilein, mein Schnuckiputzie ...«

Er: »Ja, was ist denn, Liebes?«

Sie: »Halt die Schnauze, ich rede mit dem Hund!«

»Papa, dürfen Tom und ich heute Abend deinen Wagen haben?«

»Geht nicht, Nina. Es ist fast kein Benzin mehr im Tank.«

»Das macht nichts, Papa. Wir fahren den Wagen sowieso nicht aus der Garage!«

Der Chef hat eine neue Sekretärin eingestellt, die Ehefrau zu Hause ist beunruhigt.

»Liebling, findest du sie eigentlich hübscher als mich?«

»Also in ihrem Alter warst du viel hübscher, Schatz …«

Warum ist Bigamie für Männer so gefährlich?

Sie bekommen zwei Schwiegermütter.

Er zur Blumenhändlerin: »Ich hätte gerne 100 rote Rosen.«

Die Blumenhändlerin:

»Oje, was haben Sie denn angestellt?«

Wenn ich die Namen von Liebespaaren in Bäume geritzt sehe, denke ich mir:

»Wahnsinn, wie viele ein Messer zum Date mitnehmen.«

Wie nennt man einen Mann, der 90 % seiner Intelligenz verloren hat?

Witwer.

Was ist der Unterschied zwischen einem intelligenten Mann und einem Yeti?

Es gibt keinen – beide wurden noch nicht gesichtet.

»Nina«, droht die Mutter, »wenn dein Erik bei meinem nächsten Besuch wieder betrunken ist, drehe ich auf der Türschwelle um und komme nie wieder!«

»Um Himmels willen, Mutti, nicht so laut!«, fleht die Tochter,

»wenn Erik das hört, wird der ja nie wieder nüchtern!«

»Sag mal«, fragt der neugierige Freund, »warum nennst du deine Frau immer Vorhängeschloss?«

»Ganz einfach«, erklärt der Gefragte,

»weil sie immer so schnell eingeschnappt ist!«

Der Haussegen hängt schief. »Acht Mal hätte ich heiraten können, ehe ich auf dich hereingefallen bin«, zetert die Ehefrau, »und jeder von den acht Männern war klüger als du!«

Der Ehemann resigniert:

»Du hast so recht!«

Sie gurrt voller Liebe: »Wenn du mich noch ein einziges Mal küsst, dann gehörst du mir!«

Er: »Oh, ich danke dir für die Warnung.«

Warum zog Moses mit dem Volk Israel 40 Jahre lang durch die Wüste?

Weil echte Männer nicht nach dem Weg fragen.

»Ich habe gesehen, wie du heute jemanden geküsst hast. War es der Postbote oder der Milchmann?«

»War es um sieben oder um neun?«

»Früher warst du schon glücklich, wenn du mich nur ein paar Stunden am Tag sehen konntest.«

»Daran hat sich auch nichts geändert!«

»Und von nun an, mein Engel,
werde ich dich auf Händen tragen«,
flüstert der Bräutigam seiner
jungen Frau ins Ohr.

»Um Himmels willen«,
entfährt es ihr,
*»hast du etwa das
Auto verkauft?«*

Benno fragt seinen Freund Niko: »He, Alter, hast du schon mal mit meiner Frau geschlafen?«

»Nein! Natürlich nicht!«, entgegnet Niko überrascht. »Bist du wahnsinnig?«

»Solltest du aber mal«, meint Benno.

»Macht mehr Spaß als mit deiner!«

»Was ist mit dir los?«, fragt der Wirt den unglücklichen Stammgast.

»Ach, meine Frau ist mit meinem besten Freund durchgebrannt.«

»Das ist hart!«, meint der Wirt. »Ich kann dich verstehen!«

»Ja, es ist alles so sinnlos ohne ihn!«

Unterhalten sich zwei Ehemänner über ihre Frauen. Fragt der eine: »Führt deine Frau eigentlich Selbstgespräche?«

Antwortet der andere:

»Ja, ständig. Aber sie weiß nichts davon. Sie denkt, ich höre ihr zu!«

»Papa, heiraten eigentlich auch Kamele?«, will der kleine Jan wissen.

Wie aus der Pistole geschossen antwortet der Vater:

»Es heiraten tatsächlich nur Kamele, mein Junge, nur Kamele!«

»Mama, warum trägt die Braut bei der Hochzeit ein weißes Kleid?«

»Weiß ist die Farbe der Freude, mein Kind!«

»Und warum trägt der Bräutigam dann einen schwarzen Anzug?«

»Von den Mädchen in meiner Klasse ist nur eine Jungfrau«, erzählt die Zehnjährige ihrer Mutter so ganz nebenbei.

»Mein Gott!«, entfährt es der entsetzten Frau.

Da fährt die Kleine fort:

»Die anderen sind Widder, Stier, Fische …«

Ein Mädchen wird von ihrem Freund zur ersten Autofahrt abgeholt. Mahnt die Mutter: »Kind, pass gut auf, wenn er fährt!«

»Unsinn!«, korrigiert der Vater seine Frau.

»Pass lieber auf, wenn er irgendwo stehen bleibt!«

Beziehungskrise im Paradies.
Eva schreit Adam an:

»Statt dir hätte ich auch den Teufel heiraten können!«

»Ätsch, das wäre nicht gegangen. Ehen unter Geschwistern sind verboten!«

Der Ehemann kommt mitten in der Nacht aus der Kneipe nach Hause. Der Lärm, den er im Hausflur macht, weckt seine Frau.

»Musst du denn so einen Lärm machen?«, schimpft sie.

Er lallt: »Die Sch… Schu…he sind umgefallen.«

»Aber das macht doch nicht so einen Krach!«, schimpft die Gattin.

Er: »D… doch.

Ich hatte sie ja noch an!«

Ehekrach bei Familie Hansen.
Es fliegt sogar Geschirr.
Als der Küchenschrank leer ist,
nimmt sie den vollen Bierkasten.
Darauf meint er:

»Moment, kein Grund bösartig zu werden.«

Der Rechtsanwalt zum stinkreichen Klienten: »Wollen Sie zuerst die gute oder die schlechte Nachricht hören?«

»Okay, geben Sie mir bitte die gute Nachricht zuerst!«

»Ihre Frau hat ein Bild gefunden, das eine Million Euro wert ist!«

»Das ist doch prima! Und die schlechte Nachricht?«

»Das Bild ist von Ihnen und Ihrer Sekretärin!«

»Auf einer Skala von 1 bis 10, wie sehr haben Sie in Ihrer Beziehung die Hosen an?«

»Schatz? Darf ich bitte an der Umfrage teilnehmen?«

Als Gott die Männer schuf, *muss sie sternhagelvoll gewesen sein.*

Liebe ist wie eine Droge. Entweder zeigt sie dir den Weg ins Paradies *oder sie tötet dich.*

»Lebensgefährtin« ist ein Wort, das von *Lebensgefahr* abgeleitet ist.

»Sie haben sich in der Tür geirrt«, sagt der Gynäkologe zu einem Besucher. »Ich bin Spezialist für Frauenleiden!«

»Ich weiß, ich leide ja auch sehr unter meiner Frau!«

Weshalb läuft meine Ehe nach so vielen Jahren immer noch so gut? Weil wir zweimal pro Woche Sex haben.

Ich dienstags und meine Frau donnerstags.

WhatsApp-Mitteilung von der Freundin an ihren Freund: »Ich habe zwei Nachrichten für dich! Zuerst die schlechte. Ich bekomme ein Kind. Und jetzt die gute.

Es ist nicht von dir!«

Sagt die eine Arschbacke zur anderen: »Willst du mich heiraten?«

Antwortet die andere: »Das wird nichts.

Wir gehen doch bei jedem Scheiß auseinander.«

Beim Frühstück. Sie liest die Zeitung. »Hier steht, dass 35 % aller Ehefrauen fremdgehen!«

Er, ganz aufgeregt: »Ist das alles? Mehr steht da nicht?

Ich brauche Namen, Adressen, Bilder und Telefonnummern!«

Sie: »Sag mal, musst du eigentlich jeden Abend so spät aus der Kneipe nach Hause kommen?«

Er: »Nein – das mache ich freiwillig.«

Er sitzt verkatert am Frühstückstisch.

Sie stichelt: »Ich möchte zu gerne wissen, wo du die ganze Nacht warst!«

Er: »Ich auch!«

Zwei Freunde im Straßencafé.
»Siehst du die junge Frau da drüben? Mein Gott, habe ich die mal geliebt!«, meint der eine.

»Und?«, will der andere wissen. »Wie lange ging das?«

»Kann ich nicht so genau sagen, ich habe nicht auf die Uhr geschaut!«

Manche Paare trennen sich aus religiösen Gründen:

Vor allem, weil der Mann denkt, er sei Gott.

Was tut ein Mann, der Zukunftspläne macht?

Er kauft zwei Kästen Bier.

Anna heult sich bei ihrer Freundin Leonie aus: »Ich liebe meinen Mann, aber ich fürchte, er ist mir untreu. Was soll ich nur machen?«

»Du musst seine Eifersucht wecken«, rät Leonie. »Betrüg ihn doch auch mal!«

»Das bringt nichts, das mach ich doch schon seit drei Jahren.«

Hatte Jesus eine Freundin?
Natürlich.

Als er durch die Wüste ging, folgte ihm eine lange Dürre.

Sie: »Wenn Sie mein Mann wären, würde ich Ihnen Gift geben!«

Er: »Wenn Sie meine Frau wären, würde ich es auch nehmen.«

Der Ehemann ist verärgert über seine besserwisserische Frau: »Seit 17 Jahren korrigierst du mich, egal was ich auch sage!«

»Seit 18 Jahren, mein Lieber, seit 18!«, entgegnet sie.

»Warum ist die Wohnung nicht sauber? Du bist doch den ganzen Tag zu Hause!«

»Und warum sind wir nicht reich?

Du bist doch den ganzen Tag auf der Arbeit!«

»Mach endlich Schluss mit deinem Freund!«, fordert die Mutter. »Ich will auf gar keinen Fall einen Apotheker als Schwiegersohn!

Der hat jederzeit Zugang zum Giftschrank!«

Er: »Du bist die aufregendste und schönste Frau, die ich in meinem Leben getroffen habe!«

Sie: »Ach komm, du willst mich doch nur ins Bett kriegen!«

Er: »Und klug bist du auch noch!«

Er: »Willst du meine Sonne sein?«

Sie: »Ja, aber gern!«

Er: »Na gut.

Dann bleibe bitte 150 Millionen Kilometer weit weg von mir!«

Ein Mann sagt zu seiner Frau: »Ich wette, du kennst keinen Satz, der mich zugleich fröhlich und traurig macht!«

»Kein Problem!«, entgegnet lächelnd seine Frau.

»Schatz, du hast den größten Pimmel in der ganzen Nachbarschaft!«

Anna trifft Jürgen auf dem Hausflur.
»Ach, wo ich dich sehe, fällt mir ein:

Ich muss den Müll noch runterbringen ...«

Was ist ein Theoretiker? Jemand, der 100 Sexstellungen kennt, *aber keine Frau.*

Der Freund von Lena übernachtet zum ersten Mal bei ihr.

Der Vater ist besorgt: »Also, wenn er dich in der Nacht anfasst, rufst du ganz laut ‚Kirschen!‘. Wenn er dich in der Nacht küsst, rufst du ganz laut ‚Bananen!‘. Und wenn er sonst noch was von dir will, rufst du so laut du kannst ‚Ananas!‘.« Gegen zwei Uhr nachts weckt ein lauter Schrei den Vater:

»Obstsalat!«

Was kann man verlieren, ohne ärmer zu werden?

Die Unschuld.

Manch eine Schwiegermutter ist wie eine Tageszeitung.

Sie erscheint täglich.

Ein Haushalt in Köln. Treffen sich am Aschermittwoch ein BH und ein Slip in der Waschmaschine.

Stöhnt der BH: »Das war eine furchtbare Nacht. Dauernd fummelten irgendwelche Hände an mir herum und später dann die Zungen ... ich bin völlig ausgeleiert. Und wie war es bei dir?«

»Nix los, tote Hose!«, meint der Slip.

»Ich war die ganze Nacht in der Handtasche.«

Der deutlich angeheiterte Ehemann weckt mitten in der Nacht seine Frau.

»Ein Wunder ist geschehen! Ich gehe ins Bad und – stell dir vor – ganz von allein geht das Licht an! Ich bin fertig mit Pinkeln – und das Licht geht aus! Ohne dass ich den Schalter auch nur berührt hätte.«

»Verdammt, du Idiot hast schon wieder in den Kühlschrank gepinkelt!«

»Ich weiß nicht, was Sie haben«,
wundert sich der Scheidungsanwalt,
»Ihr Mann ist doch für sein
Alter noch sehr rüstig!«

»Für sein Alter schon«, meint
die junge Frau,
»aber nicht für meins!«

Nach 10 Jahren: »Guten Tag, das ist meine Frau, darf ich sie Ihnen vorstellen?«

Nach 20 Jahren: »Guten Tag, das ist meine Frau, können Sie sich das vorstellen?«

Nach 30 Jahren: »Guten Tag, das ist meine Frau, *können Sie sich bitte davorstellen?«*